Priester – ein Lebensentwurf

Herbert Schneider OFM

# Priester – ein Lebensentwurf

Verlag Friedrich Pustet
Regensburg

CIP-Kurztitelaufnahme der Deutschen Bibliothek

**Schneider, Herbert:**
Priester – ein Lebensentwurf / Herbert Schneider
– Regensburg : Pustet, 1985.
ISBN 3-7917-0989-5

ISBN 3–7917–0989–5

Umschlagfoto: OTTO/present
Umschlaggestaltung: Peter Loeffler, Regensburg
Gesamtherstellung: Friedrich Pustet, Regensburg
Printed in Germany 1985

# Inhalt

# Vorwort

An das Selbstverständnis des Priesters werden heute viele Fragen gestellt. Von gesellschaftlichen Rollenerwartungen her kann er sich allein nicht verstehen, sondern nur von dem her, was er in der Kirche lebt und wozu er in ihr beauftragt ist.

Der Priester lebt von der Daseinsweise Jesu Christi her. Er braucht nicht bei anderen Berufen Anleihen für sein Selbstbild machen, so sehr er von manchen Berufen lernen kann; er hat seinen eigenen unverwechselbaren Auftrag.

Die folgenden Gedanken wollen jungen Männern, die sich dem Priesterberuf zuwenden wollen, Anregung und Ermutigung geben. Aber auch die Priester selbst finden hilfreiche Gedanken für ihr eigenes Selbstverständnis.

Auch heute ist die Zahl der jungen Menschen nicht gering, die bei der Frage nach ihrem Lebensentwurf auch das Priestertum ernsthaft berücksichtigen. Sie mögen ermutigt werden, das Priestertum für sich zu übernehmen.

Düsseldorf, den 29. Juni 1985 P. Dr. Herbert Schneider OFM

# 1. Freund Christi

Die vielen Fragen,
was ein Priester ist,
münden immer wieder in die eine Antwort:
er ist ein Freund Christi.

Der Priester sieht sich zuerst
in die Freundschaft gerufen.
Nicht er hat sich diese Freundschaft
allein gesucht,
vielmehr ist sie an ihn ergangen:
im Gebet,
im Lesen der Heiligen Schrift,
in der Begegnung mit anderen Priestern,
die wirklich Freunde Christi sind,
im Nachdenken über den Sinn des Lebens,
im liebenden Dienst in der Kirche,
im Studium,
im Alltag des Glaubens,
im Einsatz für den Nächsten.

In diesen und ähnlichen Begebenheiten
hat ihn der Herr ergriffen,
sich ihm genähert –
und er hat die Freundschaft angenommen.

Jesus Christus hat zu ihm
wie zu vielen anderen gesprochen:
„Ihr seid meine Freunde". (Joh 15,14)

Der Freund wird hereingenommen
in das persönliche Geheimnis Christi,

in das tiefere Verstehen seines Auftrags,
in die Beweggründe seines Lebens für die Menschen.

Als Jesus Christus sich ganz persönlich
im letzten Vermächtnis,
im Augenblick der Erfüllung seiner Sendung,
den Jüngern offenbarte,
nannte er sie seine Freunde.

Die Freunde kennen nicht nur
das Geheimnis der Sendung Jesu,
sie befolgen nicht nur seine Weisung,
sondern sie steigen mit ein in seinen Weg,
um die von Gott ergangene Sendung auszuführen.

Darum handelt der Priester
nicht notgedrungen,
er sucht keine Karriere,
er erstrebt keine besondere Stellung,
er verfolgt keine Machtinteressen,
sondern er lebt die Sendung Christi weiter.

Wo er doch anders handelt,
kehrt er von seiner Berufung ab,
kommt Jesus Christus in ihm
nicht zum Leben.

Zuallererst befindet sich der Priester
in einem ständigen Gespräch
mit Jesus Christus, seinem Freund.

Erfolg und Mißerfolg,
Freude und Trauer,
Erfahrung des Schönen und Ärger,
Verstehen und Verwirrtsein,

Gutes und Böses im eigenen Leben
und bei anderen,
es wird mit Jesus besprochen.

Auch die weltlichen Aufgaben,
die zunächst menschlichen Dinge,
Ereignisse und Erfahrungen
erfolgen nicht einfach für sich,
sondern geschehen im Raum des Gesprächs
mit dem Freund.

Was für alle Christen gilt,
wenn sie wirklich christlich leben, ist:
in Christus sein.

Die Freundschaft des Priesters mit Christus
bedeutet anzunehmen, was Jesus Christus sagt:
Ich in Euch und Ihr in mir!

Wenn zwei Freunde einander gut verstehen,
spricht der eine aus dem anderen.
Der Priester sieht sich inmitten
seiner Brüder und Schwestern
als Zeuge seiner Freundschaft mit Christus.

Daraus ergibt sich,
daß diese Freundschaft
sich auf die Mitmenschen ausweitet.
Er wird mit Christus
ein Mensch für andere,
er wird Priester.

## 2. Hüter des Brotes

Was tut der Priester?
Er hütet das Brot,
von dem Christus sagt: es ist mein Leib.
Er hütet den Wein,
von dem Christus sagt: es ist mein Blut.

Christus hat seinen Jüngern
im Brot des letzten Males
sein Geheimnis anvertraut:
die tiefste Deutung seines Lebens,
das Grundverständnis der Geschichte des Menschen,
die neue Welt in seiner Liebe.

Der Priester ist zum Hüter
dieses Geheimnisses berufen,
daß es bleibt die Zeit hindurch,
daß es die Menschen zur Gemeinschaft vereinigt,
daß es die Grundgestalt der neuen Welt sei.
Die neue Welt des Reiches Gottes
hat ihre Züge in der Gestalt des Brotes.

Hüter meint:
dieses Geheimnis tiefer zu erkennen,
ihm treu zu sein;
dieses Geheimnis der Gemeinde mitzuteilen,
es ihr immer tiefer zu erschließen;
dieses Geheimnis auf das Ereignis
von Mensch und Welt zu beziehen.

* Das Brot der Eucharistie –
Es ist das in die Erde gefallene Samenkorn,

gestorben brachte es Frucht,
gebacken bietet es Nahrung,
gegessen schenkt es Leben.

Es ist der Herr,
in seiner Hingabe ist er Leben für uns.

Der Priester dient dem Herrn,
damit das Brot Leben für uns sein kann.

* Das Brot, das die Kirche ist –
In der Wandlung
wird die Gemeinde selbst zum Leib,
zur Gestalt des Herrn.

Die Gemeinde findet sich in Christus wieder,
sie ist sein Leib,
eine neue Gestalt
von Gemeinschaft unter den Menschen.

Solange die Gemeinde
den Tod des Herrn und seine Auferstehung
verkündet,
lebt sie als sein Leib.

Der Priester hütet diesen Leib,
und führt ihn stets seinem Geheimnis,
dem Brot, zu.

* Das Brot der Menschheit –
Das Brot der Eucharistie
erneuert mein Leben.
Über die Gemeinde weitet es sich aus
auf die ganze Menschheit.

Die ganze Menschheit ist wie das eine Brot,
wie die Hostie.

Es gibt kein Brotbrechen
in der Eucharistie
ohne Bezug auf den Leib der Menschheit,
der zum Leibe Christi werden soll.

Der Priester hütet daher
das tiefe Geheimnis der Menschheit,
oft auch durch Einsamkeit hindurch,
für den Tag,
da die Menschheit Leib
des Herrn wird.

* Das Brot der Welt –
Jedes Brot, jede Nahrung,
jeder Mensch,
jedes Werk, das er schafft,
überhaupt das Leben,
kann nicht verstanden werden
ohne tieferen Bezug
auf das Brot, das der Herr ist.

Der heilige Franziskus von Assisi
nahm ein erbetteltes Stück Brot
so ehrfürchtig in seine Hände
als wäre es der Leib des Herrn
in der Gestalt der Hostie.

Dem Priester ist das Leben in die Hände gegeben
wie eine Hostie –
eine neue Haltung gegenüber der Welt.

Der Empfang des Brotes,
des Leibes Christi,
schenkt mir die Erfahrung Jesu in mir.

Ich werde selbst zum Brot,
innerlich, geistlich,
einbezogen in ihn,
der das Brot des Lebens ist.

Jesus sprach zu seinen Jüngern
von diesem Brot,
das sie wirklich essen müssen,
um das Leben zu haben.

Hier schieden sich die Geister,
viele gingen nicht mehr mit ihm.

Der Priester entscheidet sich
für das Essen
aus dem Glauben wie Petrus,
der zu Christus sagte:
Du hast Worte ewigen Lebens.

## 3. Beter vor Gott

Ein Priester ist ein Mann des Gebetes.

Zuerst ist er ein Gottsucher.
Nicht diese oder jene Fragen allein,
sondern die letzte Frage nach Gott
bewegt ihn unaufhörlich.

Darum konzentriert er
sein Tun, sein Denken, sein Leben
auf Gott hin.
Er ist bestrebt, daß in ihm der Mensch
– verbunden mit Christus heimkehre zu Gott.
Im Gebet sucht er Gottes Nähe auf
in den vielfältigen Angelegenheiten der Welt,
– besorgt um die Fragen der Menschen.

Dann ist er ein Gottsucher.
Gott ist bereits da;
es gilt, ihn anzunehmen.
Das Gebet ist die Annahme Gottes
im eigenen Leben.
Der Priester braucht
– das stille Gebet
– die persönliche Betrachtung
– die verweilende Anbetung des Herrn.
Hier erst erwächst ihm – geschenkhaft –
der ganze Reichtum Gottes zu.

Als Beter gewinnt der Priester
eine Tiefensicht der Dinge:
er nimmt sie an von Gott,

vom Ereignis Jesu her.
Er nimmt sie ganz anders und neu wahr.

Sein Wort an die Gemeinde
mag noch so durchdacht,
    noch so zeitgemäß,
    noch so modern,
    noch so exegetisch,
    noch so pastoral,
    noch so aufrichtig sein;
wenn es nicht persönlich im Gebet
zugewachsen ist,
wird es im letzten der Gemeinde
nichts geben.

Der Priester kann erst geben,
wenn er zuvor im Gebet etwas erhalten hat.

Die Grundhaltung des Priesters
ist das Empfangen.
Er ist der Mensch der geöffneten Hände,
der im Gebet das Verstehen des Wortes
Gottes empfangen hat.
Darin hat der Ernst seines auch
wissenschaftlichen Mühens um das Wort
seine Bedeutung und Richtigkeit.
Der Priester als Mensch der geöffneten Hände
schenkt weiter an andere,
was er empfangen hat.
Sein ganzes Wesen ist dann
Empfangen und Schenken.
Nur was ein Priester im Gebet empfangen hat,
kann er im letzten weiterschenken.

Der Priester macht darin deutlich:
der Mensch lebt nicht lediglich
aus eigener Mächtigkeit,
sondern aus dem Geschenk.
Der Priester als Mensch der geöffneten Hände
ist das Gegenstück zum Menschen
der zugreifenden Hände.

Der Mensch der zugreifenden Hand
packt an, was vor ihm liegt;
er nimmt die Dinge in den Griff.
Unsere Epoche ist eine Zeit
der zugreifenden Hand:
die Welt gestalten, sie entwickeln
und sie so formen nach der Vorstellung
des Menschen.

Eine zugreifende Hand ist wichtig
und unabdingbar, damit der Mensch
sein Leben gestalten kann.
Aber er kann nicht mit seinen Händen
an den Dingen kleben bleiben.
Er muß innerlich frei bleiben
in dem Schaffen seiner Hände,
was ja ihm auch aufgetragen ist.

Das geschieht, wenn er auch seine Hände
öffnen kann für das Geschenk von Gott.
Das Eigentliche seines Lebens
muß der Mensch empfangen!
Der Mensch muß zunächst etwas sein:
ein Beschenkter,
damit er dann etwas tut:
die Welt danach gestalten.

Der Priester sammelt die zugreifenden
und zugleich geöffneten Hände
zu den gefalteten Händen des Gebets.
Erst in diesem Gebets-Vollzug
tut sich das tiefere Geheimnis der Welt auf.

Ein Priester, der darauf verzichtet,
mag vielleicht vieles können,
mag wohl manchen Anklang finden,
mag mitunter sehr geschätzt sein,
aber er läuft auf die Dauer Gefahr,
der Gemeinde Steine statt Brot zu geben.

Die Leute sehen darauf, was der Priester lebt.
Ist er ein Beter vor Gott,
lebt er selbst aus dem Gebet,
dann vermag er die Gemeinde
durch die Höhen und Tiefen der Zeit
zu begleiten und zu führen.

Der so betende Priester
führt seine Gemeinde zu Gott,
auch wenn sie sich verfehlt,
Gott vergißt,
seine Nähe nicht ahnt,
sich Gottes zu entledigen sucht;
aber dann auch,
wenn sie nach Gott sucht,
Antwort erstrebt und Tröstung.
Sie ist bei Gott,
wenn sie sich freut,
Gott in ihren weltlichen Möglichkeiten

bekennt: im Fest
bei Zusammenkünften
in Besprechungen und Entscheidungen:
durch den betenden Priester
kommt sie vor Gott.
Der betende Priester
lebt aus dem Medium Gottes;
er kann den Menschen in seine –
im Gebet gelebte Gemeinschaft mit Gott führen.

## 4. Repräsentant Christi

Die Gemeinde hält weiter Mahl.
Der Herr ist zwar nicht mehr
leiblich in ihrer Mitte,
und doch ist er bei ihr als Erhöhter,
im Geist, pneumatisch.

Er beruft den einen oder anderen
aus der Gemeinde,
ihn sichtbar, leibhaftig zu vertreten.
Das ist der Priester.

Er tut mit der Gemeinde dasselbe,
was Jesus mit seinen Jüngern tat:
das Brot brechen,
es ihnen geben als den Leib des Herrn
und sie so im Herrn sein lassen.

Das kann der Priester nicht lediglich
äußerlich tun, wollte doch Jesus
sich selbst geben.
Der Priester ist eigentlich erst
Repräsentant Christi,
wenn er auch selber mitvollzieht,
was er tut.

Außer sich gehen und Eingehen in Jesus,
so daß Jesus in ihm durchscheint.
Der Mensch möchte im Priester
an Jesus erinnert werden,
wie beim Tode eines Priesters Kinder sagten:
Jesus ist tot;

In sich gehen und die Art Jesu in sich haben,
seine Hingabe, seine Güte, seine Vergebung,
sein Dasein für andere.

Priester zu sein beansprucht
den ganzen Menschen,
weil es ganz um Jesus geht,
und doch ist der Priester nur Repräsentant,
Jesus ist mehr.

Zum priesterlichen Leben gehört es,
einen Spannungsbogen aufrechtzuerhalten:
Einmal ist er aus der Gemeinde genommen,
zum anderen steht er ihr gegenüber,
indem er den Herrn vor ihr vertritt.
Auch die Gemeinde möchte, daß es so ist.

Akzeptiert der Priester wirklich
seine Herkunft aus der Welt der Menschen
mit ihren Sorgen, Nöten und Hoffnungen,
akzeptiert er wirklich,
daß er den Herrn vertritt
und aus der inneren Gemeinschaft mit ihm
ein Wort der Weisung, ein Leben der Führung
gibt, dann ist er Priester,
den die Menschen suchen.

Nicht der ist Priester für die Menschen,
der nur nach dem Wunsch der Menschen redet,
sondern der das Evangelium sprechen läßt,
der sie mit ins Gebet nimmt
im doppelten Sinn des Wortes:
der sich selbst und die Gemeinde
ins Gebet vor Gott nimmt,

und der sie „ins Gebet nimmt“,
indem er sich auf Gottes Wort verpflichtet.
Diese Eindringlichkeit kommt nur
aus gottverbundenem Leben,
von Gebet und Treue des Gesprächs.

Der Priester macht sich
das Verhältnis der Kirche zum Herrn
innerlich zu eigen;
dieses Verhältnis lebt in ihm,
er will es wirklich sein lassen.

Der Priester ist zu denken
als Priester mit seiner Gemeinde.

Wie steht es nun mit dem Ordenspriester?
Er hat oft keine feste Gemeinde.
Auch er steht vor der Gemeinde,
die allerdings oft mehr oder weniger
dauerhaft ist;
oft kommt er zu ihr nur einmal oder
nur kurze Zeit:
in Gruppen, Gesprächskreisen, Exerzitien.

Hier tut sich die eigene Charakteristik
des Ordenspriesters kund:
es ist ihm auch möglich, Gemeinden zu leiten
wie der Diözesanpriester,
zum anderen leitet oder inspiriert er
Gruppen von Christen.
Der Ordensmann bringt in das Priestertum
einen eigenen Akzent:
er vertritt den eschatologisch kommenden Herrn,
zu dem der „Geist und die Braut“ sagen:

„Komm, Herr Jesus“,
wie es am Schluß der Apokalypse heißt.

Nicht von ungefähr sind gerade
Ordenspriester auch Missionare,
im Aufbruch lebend,
dem Herrn neue Gemeinden zu bereiten,
die dann von jedem Priester
übernommen und geleitet werden.
In der Regel tun das dann die Diözesanpriester.

Heute gilt es, im Neuheidentum
der säkularisierten Gesellschaften,
neue Gemeinschaften zu sammeln
und zu begleiten.
Hier sind die Ordenspriester gefragt:
in Gemeindemission,
in kleinen Fraternitäten,
in kategorialen Gruppen,
in Vereinigungen,
in Kreisen …

So ist der Ordenspriester häufig derjenige,
der die Gemeinde bereitet und erneuert,
während der Diözesanpriester in der Regel
die Gemeinde leitet, zusammenhält,
und durch die Geschichte hindurchträgt.

# 5. In der Gebärde Christi

Der Priester ist der von Christus her
geprägte Mensch.
Seine eigentliche Beschäftigung,
seine Daseinsweise,
seine Beweggründe zu Leben und Handeln,
sind ein Ausfluß der Art Christi.

Die Gebärde ist nicht irgendeine Bewegung
des Menschen, sondern der sinnenhafte,
leibhafte Ausdruck der Grundabsicht
des Menschen.
In der Gebärde drückt sich der Mensch aus,
wie er ist,
wie er sein will,
wie er beansprucht ist: von Gott.

Als Aufgaben des Priesters werden genannt:
Martyria, Leiturgia, Diakonia.

Sie sind Gebärden des Heils
des Erbarmens
der Liebe Gottes.
Der Priester ist beansprucht,
die Gebärden weiterzuvollziehen.

Martyria.
Sie meint ZEUGNIS für Christus.
Gedacht ist an das Zeugnis
der Verkündigung des Wortes von Christus.
Dieses Zeugnis ist mehr als übliches Sprechen.
Wenn der Priester das Wort Christi spricht,

will Christus selber lebendig sein
und jetzt zu den Menschen sprechen.
Jetzt ergeht dann das Wort des Evangeliums an mich,
jetzt bin ich betroffen,
jetzt wirkt das Evangelium in mir.
Das Wort ist ein wirkendes Wort.

Der Priester gibt zugleich aber auch Zeugnis
von seinem eigenen Glauben an das Wort.
Dafür muß er sein Leben einsetzen.
Sein Einstehen für das Wort kann mitunter
auch zum Martyrium werden.

Das Zeugnis des Priesters
eröffnet eine neue Welt,
die Welt Christi.
Christus selbst sprach das Zeugnis,
daß er sich heilige für die Jünger (Joh 17,19);
und dann vollzog er diese Heiligung,
indem er den Weg der Erfüllung
des Willens Gottes ging:
in Sterben und Auferstehung.

Leiturgia.
Die Liturgie (Leiturgia) erscheint
vielleicht als ein äußeres Tun.
Aber die äußeren ZEICHEN sind
Träger von Bedeutungen.
Heute erfassen wir wieder mehr
die Bedeutung des Zeichens.
Es will etwas über die inneren Beweggründe
des Handelns eines Menschen aussagen.
Ein wichtiges Zeichen der Christen ist das Brot.

Die Urchristen brachen das Brot.
So wurde das Brotbrechen
zum Zeichen der Einheit und Gemeinschaft.
Jedes Brot-Teil kommt aus der Einheit
mit dem ganzen Brot.

Die Liturgie lebt in ihren Zeichen.
Sie sind Vereinbarungen unter Menschen,
um den von allen geteilten Sinn
gemeinsamen Lebens,
gemeinsamen Verstehens,
gemeinsamer Erinnerung,
gemeinsamen Hoffens
zum Ausdruck zu bringen.

Indem der Priester ein Zeichen
mit der Gemeinde vollzieht,
tritt er mit ihr
in eine gemeinsame Geschichte,
in eine gemeinsame Zukunft ein.

Zeichen können allerdings erstarren,
wenn sie nicht mit lebendigem Geist
vollzogen werden.

In ihrer grundlegenden Geste
ist die Liturgie
Vollzug der Daseinsweise Christi:
im Brechen des Brotes,
in der Handauflegung der Vergebung,
im Segnen der Menschen …

Diakonia.
Jeder DIENST am Nächsten
erfließt aus dem Grunddienst, den Jesus

in seinem Leben den Menschen schenkte.
Daher gibt es kein Priestertum,
das nicht Dienst ist.

Der Priester ist stets auch hineingebunden
in die Alltagswelt des Menschen;
er kann nicht an der konkreten Not
vorbeigehen.

Das Gleichnis vom Samariter
zeigt auch an, daß der Priester
in der Diakonie herausgefordert ist,
wenn es um die Not des anderen geht.

Gemeint ist mit Diakonie
aber auch der verantwortbare Teil
an Leitung und Verwaltung.
Sie dürfen den Priester gewiß nicht absorbieren,
aber er muß sich in ihnen bewähren
und darin die Diakonie Christi leben.

Mitunter gibt es Schwerpunkte im Alltag
des Priesters.
Der Diözesanpriester wird in der Regel
von der Leiturgia her geprägt sein,
jedoch zugleich von Martyria und Diakonia
beansprucht sein.
Bei einem Priester, der z.B. als Religions-
lehrer tätig ist, ob Diözesanpriester
oder Ordenspriester, tritt die Diakonie
der Lehre stark in den Vordergrund.
Der Ordenspriester hat häufig
einen Schwerpunkt in einem Teil,
immer aber darauf bedacht,

die anderen Teile miteinzubeziehen.
So ist er z. B. Exerzitienleiter
und dabei von der Martyria stark bestimmt,
als Beichtvater von der Leiturgia,
als Lehrer und Erzieher von der Diakonia,
stets aber darauf bezogen,
dann die ganze priesterliche Aufgabe
in Martyria, Leiturgia und Diakonia
zu erfüllen.

Normalerweise fordert das eine Element
das andere: ein Priester,
der eine Gruppe leitet,
möchte gern mit ihr
die Eucharistie feiern
und mit ihr
einen Dienst erfüllen.

Für eine priesterliche Spiritualität
ist es stets wichtig,
in allem den Vollzug der Gebärde Christi
wahrzunehmen.

## 6. Hände des Segens

Der Segen stellt Gemeinschaft her.

Dem Priester kommt eine vornehme Aufgabe zu,
zu segnen:
Menschen, um sie in Gottes Gemeinschaft
zu bringen,
Tiere und Dinge, um sie ihrem Schöpfer
anzuempfehlen.

Der Segen schenkt Leben.
Der Gesegnete weiß sich erfüllt
mit dem Wohlwollen Gottes,
mit dem Leben, das Gott schenkt.

Der Segen läßt Christus Gestalt werden.
Wenn der Priester segnet,
soll Christi Segen gelten,
den er allen schenkt,
die sich ihm zuwenden:
den Armen und Kranken,
den Sündern und Elenden,
den Menschen, die Gott suchen.

Wenn der Priester segnet,
soll Christus im Gesegneten
selbst Gestalt annehmen.
Ist doch unser Wachsen
auf Christus hin bestimmt.
Ist Christus im Menschen,
wird der Mensch anders,
ein neuer Mensch.

Der Segen wird immer wieder
das Erlösungsgeheimnis Jesu Christi
dem einzelnen schenken:
das Gute, das Gott schenkt.

Der Priester wird, wo er geht und steht,
nicht funktional irgend einen Akt
des Segens tun,
sondern innerlich mitvollziehen,
was er tut.

Gerade beim Segnen ist der Priester
ganz in seiner Existenz gefragt.
So wird sein Segen auch
zu einem fürbittenden Gebet.

Der Priester wird seinen Segen zusprechen
der Welt in ihrer Angst;
in ihrer Not,
in ihrem Versagen,
in ihrer Hoffnung.
Darin macht er deutlich,
daß es im Alltag um mehr
als um dieses Leben geht,
daß es um das ewige Leben geht.

Der segnende Priester
hält die tieferen Dimensionen des Lebens,
die eigentliche Beziehung des Menschen
zu Gott aufrecht und hilft,
daß sie dem Menschen geschenkt bleibt.

Der Priester, der aufhört zu segnen,
begibt sich einer wesentlichen Sendung:
da zu sein, um zu segnen.

Die Hände des Priesters sind geweiht,
um das Wort des Segens zu schenken
über die Gaben von Brot und Wein,
über die versammelte Gemeinde,
über die Menschen in ihren Anliegen,
über die Sünder,
über die Kinder,
über jeden in besonderen Ereignissen
seines Lebens;
stets, wenn jemand darum bittet.

Die Handauflegung ist das besondere Symbol
des Segens.
Sie ist die ausgebreitete Hand,
die weiterschenkt, was sie empfangen hat;
sie ist die segnende Hand,
die im Zeichen des Kreuzes
den Menschen einbezieht
in den Segen des Kreuzes Christi.

# 7. Mann der Kirche

Die Menschen wollen im Priester
den Mann der Kirche sehen.
Sie meinen damit nicht den Funktionär;
sie suchen dabei nicht
den kirchlichen Alleskönner;
sie erwarten keinen Beantworter aller Fragen.
Vielmehr soll er das Wesen der Kirche
in seiner Person lebendig sein lassen:
herausgerufen zu sein,
im brüderlichen Dienst
am Evangelium Jesu Christi,
damit es in der Kirche
und durch sie
in der Welt lebt.

Der Priester kommt so
aus dem inneren Wesen der Kirche,
in der er lebt.

Ein äußerliches Dabeisein hilft nicht,
er muß die Kirche
als im Glauben versammelte Gemeinde
selber annehmen und in ihr leben.

Daher ist ihm selbst
die Kirche stets die im Glauben
angenommene Gemeinschaft.

So wie sie konkret
in der Geschichte auftritt
in ihrer bedingten geschichtlichen Gestalt,
nimmt er sie an.

Er übersieht dabei nicht ihre Mängel,
aber er erkennt auch in ihr
das Werkzeug Christi
für den Aufbau seines Reiches.

Es wird immer eine konkrete Kirche geben,
die in ständiger Erneuerung ist.
Über eine konkrete Kirche
trete ich in den Raum des Heils.

Ist dies im Priester lebendig,
dann kann er selbst seinen Teil
dazu beitragen,
der Kirche in seiner Person
zu einem wahrhaftigen Ausdruck zu verhelfen.

Der Priester steht auch dafür,
daß die Kirche sich institutionell darstellt.
Sobald Gemeinschaft entsteht,
gibt es auch das Institutionelle.
Das Institutionelle hat seinen guten Sinn darin,
Vereinbarungen darüber, was gilt, durchzuhalten,
Kernvorgänge der Gemeinschaft zu schützen,
Klarheit zu geben darüber, was dem einzelnen
zukommt.

Sicherlich steht das Institutionelle
in der Gefahr der Verhärtung.
Wenn der Priester zugleich
ein spirituelles Leben führt,
schafft der auch das notwendige Gegenstück dazu,
aber er hebt es nicht auf.

Im Priester können wir so
der Kirche begegnen.

Durch sein Studium,
durch seine Weihe,
durch seinen Auftrag
ist er dazu bestellt,
daß in ihm die Kirche
zur Sprache kommt.

Im Kontakt mit ihm
können wir amtlich der Kirche begegnen,
aber eigentlich nur, wenn wir zugleich
ihn als Priester annehmen.

In ihm erfahren wir den Dienst
der Kirche an uns.

# 8. Mensch in Berufung

Heute legen wir großen Wert darauf,
einen Beruf zu haben.
Das hängt auch mit der arbeitsteiligen
Gesellschaft zusammen.
Über den Beruf finden Menschen
in der Regel ihren Ort in der Gesellschaft,
über den Beruf haben sie ihr Einkommen.

Aber der Mensch ist mehr als sein Beruf.
Daher kann er auch aus dem Beruf aussteigen
und eine eigene Tätigkeit ausüben.

Wichtiger noch ist, wer er ist:
sein Leben als Mensch,
sein Verhalten als Person,
seine Orientierung an Werten,
seine Hinwendung zu Gott.

Der Mensch kann sich im Innersten seines Wesens
so ansprechen lassen,
daß sein ganzes Leben einem Anruf folgt.
Manche folgen dem Anruf der Humanität,
andere der Anregung der Kunst,
andere dem Appell moralischer Verpflichtungen,
andere dem Anspruch der Nächstenliebe,
der Priester wird das alles beherzigen,
aber zutiefst folgt er dem Anspruch,
wie Jesus dem Reiche Gottes zu dienen.

Sicherlich ist Priestersein auch ein Beruf,
denn es gibt Ausbildungswege,

Vorschriften für Tätigkeiten,
Erwartungen an sein Verhalten,
Vergütung seiner Dienste.
Sein Selbstverständnis erschöpft sich aber
darin nicht.

Von einem Beruf kann ich Abstand nehmen,
einmal Pause machen,
mich in die Privatsphäre zurückziehen.

Der Priester ist aber ständig und ganz gefragt,
er ist eben berufen
mit seiner ganzen Existenz,
mit seinem inneren Streben,
mit seinem grundlegenden Lebensverständnis,
mit seinem vollen Dasein;
er lebt eine Berufung.

Der Priester kann sein Selbstverständnis
sich nicht im Beruf erschöpfen lassen.
Dann geriete er schnell in Nöte und Schwierigkeiten.
Er muß sich in Berufung verstehen und annehmen.

Auch redet, handelt und lebt
der Priester
nicht im Interesse seines Berufs,
der ihm sein Verhalten vorschreibt,
sondern weil er unter einem Ruf steht,
dem er sich stellt.
Tritt er so vor die Menschen,
werden sie ihn verstehen.

Aber die Berufung, so sehr sie ihm gehört,
muß auch ausgewiesen werden
am Evangelium.

So sehr er persönlicher Zeuge ist,
so sehr ist er doch auch rückbezogen
auf das Evangelium.

Der Priester muß sich von der Kirche
auch in seiner Berufung bestätigt wissen.
Ist er doch nicht für sich berufen,
sondern für die Gemeinde.

Daher lehrt er auch nicht, was er selbst weiß,
sondern was die Kirche lehrt,
was der Kirche aufgetragen ist,
was die Kirche zu bestehen hat.

Allerdings lebt er dies alles
in einer Spannung.

Einmal zwischen offizieller Lehre der Kirche
und seinem persönlichen Verstehen;
dann zwischen Dienst am Reich Gottes
und dem zeitbedingten Dienst der Kirche
an diesem Reich;
und auch zwischen seiner Verkündigung
und ihrem Vollzug in seinem eigenen Alltag.

Diese Spannung sollte der Priester
nicht einfach beseitigen,
vielmehr in Dienst nehmen
zugunsten des Reiches Gottes.

Der Priester muß sich bemühen,
mit der Verkündigung immer mehr
identisch zu werden.

# 9. Leben im Zölibat

Der Zölibat,
das ehelose Leben des Priesters,
hat seine letzte Begründung
schlicht in der Lebensweise Jesu.

Durch den Zölibat richtet sich der Priester
gegen niemanden;
auch wertet er nichts ab,
vielmehr richtet er sich aus an Jesus.
Daher lebt und handelt er wie er.

Sicherlich könnte der Priester
auch verheiratet leben,
waren doch einige der ersten Jünger verheiratet.
Aber schon sie trifft der unbedingte Ruf,
alles zu verlassen.

Die Frage des Zölibates
ist keine Angelegenheit des unbedingten Müssens,
vielmehr eine Sache der geistlichen Wahl.
Die abendländische Kirche
hat im Verlauf ihrer Geschichte
eine Wahl für den Zölibat getroffen.

Diese Wahl ist sinnvoll
und hat ihre tiefe Bedeutung
für die Kirche.

Sicherlich hätte sie ihre geistliche Wahl
anders fällen können,
und sie könnte es auch heute noch.

Aber für den bisherigen Verlauf ihrer Geschichte
ist der Zölibat das Zeichen
des ungeteilten Verfügbarseins
für die Sache des Herrn.

Selbst wenn der Zölibat in Zukunft
nicht mehr unmittelbar mit dem Priestertum
verknüpft würde,
bliebe die geistliche Bedeutung,
die er darstellt,
für die Kirche unangetastet.

Der Zölibat kann nur sinnvoll verstanden werden
aus der Lebensweise Jesu
und daraus folgend
als eine Form der Liebe,
nämlich ungeteilt dem Herrn
zu folgen und ihm zu dienen.

Man verstünde den Zölibat falsch,
sähe man lediglich den Verzicht
und nicht die Fülle,
die sich durch ihn
dem geistlichen Menschen eröffnet.

Der Ordenspriester hat von vornherein
diese Wahl getroffen.
Sie ist identisch mit seinem Leben
als Ordenschrist.
Er lebt den geistlichen Gehalt des Zölibates
im Gelübde der Jungfräulichkeit
auch ohnehin.

Alle Begründungen für den Zölibat,
seine Freiheit für die Gemeinde,

seine geistige Zeugungsfähigkeit,
seine universale Tendenz,
seine Offenheit für die Gnade Gottes,
seine geistliche Brautschaft mit dem Herrn,
seine eschatologische Neuheit,
helfen, seinen Sinn zu erschließen,
aber im letzten ist er für den,
der ihn positiv ergreift,
die Möglichkeit sich Christus
ungeteilt zur Verfügung zu stellen.

Von dieser Erfahrung her versteht es sich,
daß der Zölibat auf das ganze Leben,
auf Dauer angelegt ist.

Wie das Gelübde der Jungfräulichkeit
so kann auch der Zölibat
nicht auf Probe abgelegt werden.
Er richtet den Menschen innerlich
auf Dauer aus.

Während der Zölibat stärker
den Sinngehalt des Bräutigams Christus
gegenüber seiner Braut der Kirche darstellt,
vertritt das Gelübde der Jungfräulichkeit
diese Kirche selbst als Braut.

Der Priester, der Ordensmann ist,
hat sich auch diese Deutung
von seinem Ordensleben her zu eigen gemacht.
So stellt er beides dar:
als Ordensmann die Braut,
als Priester den Bräutigam.

Am Schluß der Apokalypse heißt es,
der Geist und die Braut sagten:
„Komm, (Herr Jesus)“!
Dieses „Komm, Herr Jesus“
ist die Grundhaltung des Ordensmannes,
die er im Gelübde der Jungfräulichkeit lebt.

# 10. Diener der Versöhnung

Der Priester steht im Dienst der Versöhnung,
nicht aus eigener Mächtigkeit,
sondern im Auftrag der Versöhnung Christi.
In Christus ist die Welt
mit Gott versöhnt.

Dazu hat der Priester den Auftrag,
das Vergebungswort Jesu:
„Deine Sünden sind dir vergeben“
dem Menschen zu schenken.

Die Grundzerissenheit der Welt
sind nicht die Naturkatastrophen,
    nicht die Entwicklungsstörungen,
    nicht die Aggressionen,
    nicht die gesellschaftlichen Spannungen,
    nicht die Ausbeutungen,
    nicht Hunger und Not,
sondern die Sünde, die grundsätzlich
den Menschen
von Gott trennt,
und den Menschen daher auch
von sich selber trennt,
von seinen Mitmenschen trennt,
von seiner Umwelt trennt,
von seiner Zukunft trennt.

Christus steht vor uns
als der mit Gott versöhnte Mensch.
Sein Leben wirkt versöhnend

an dem, der sich ihm anvertraut.
Im Dienst dieser Versöhnung
steht der Priester.

Warum soll der Priester dastehen
und ich ihm beichten?
Böswillige Menschen sagen,
die Beichte sei ein Trick der Kirche,
auf diese Weise Herrschaft über die Menschen
ausüben zu wollen.

Im übrigen mache jeder seine private Sache
selbst mit Gott aus.

Diese Aussagen verkennen
den Sinn der Beichte
und der in ihr vollzogenen Umkehr
zur Versöhnung mit Gott.

Weil Jesus selbst Mensch war,
und über ihn als Mensch
uns das Heil geschenkt wurde,
geht sein Dienst weiter durch Menschen,
durch die Kirche.
Daraus erklärt sich der Sinn,
den Priester im Dienst der Versöhnung
zu sehen.

Der Priester ist daher herausgefordert,
ein Mensch der Versöhnung zu sein,
sich selbst in die Versöhnung mit Gott
führen zu lassen.

Aber nicht nur im Vollzug der Beichte,
sondern in all seinem Tun steht er

im Dienst der Versöhnung.
Daher gehört nicht zum Priester,
in Streit und Konflikten zu leben,
in Parteiungen und Spaltungen,
in Absonderungen und Privilegierungen,
er ist für alle Menschen da
und hat stets die Einheit der Menschen
im Auge zu behalten.

Niemand kann eigentlich Priester sein,
wenn er nicht eine Sensibilität entwickelt
für die Tendenzen der Menschen
zur Einheit
und diese fördert.

Das „Ein Leib-des-Herrn-Werden" der Welt
ist so wesentlich mit dem Selbstverständnis
des Priesters verbunden,
daß ein Herausfallen aus dem Bemühen um Einheit
dem Wesen des Priesterseins zuwiderläuft.

Der Priester ist existentiell
mit der Entwicklung der Menschheit
verbunden.

Wenn die Welt auf Jesus als Omega zuläuft
und darin ihre eigentliche Zukunft hat,
dann muß das ganze Engagement des Priesters
darauf hinauslaufen,
daß die Menschheit dieses Omega erkennt
und in ihm ihre Erfüllung findet.

Die wahre und letzte Gestalt der Welt
wird die volle Gestalt

des Gottmenschen Jesus Christus sein.
In ihm ist die Versöhnung der Menschheit da,
indem er vollkommen mit Gott versöhnt ist,
sein Sohn ist in aller Treue bis in den Tod.
In ihm werden die Menschen mit Gott versöhnt,
selbst Söhne Gottes.

Die mit Gott versöhnte
und an ihr Ziel in Christus gekommene Welt
ist eine Welt,
die sich als Sohn des Vaters
mit Jesus Christus weiß.

Je mehr die Menschen
sich im Sohne Jesus Christus
selbst als Söhne des Vaters verstehen
und sich so annehmen,
um so mehr können sie sich selbst auch
in ihrer eigentlichen Gestalt finden:
Sohn zu sein.

Immer noch ist die Menschheit
wie der Sohn des Gleichnisses
in der Ferne vom Vaterhaus;
immer noch ist die Menschheit
auf dem Weg der Heimkehr;
immer noch treten viele Menschen
erst in das Vaterhaus ein,
am Ende aber sollen alle Wohnung finden
und Heimat beim Vater
als seine Söhne.

Der Priester geht den Weg
der Menschheit mit,

damit jeder als Sohn
ins Vaterhaus zurückkehrt
und so die eine Menschheit entsteht,
die sich wie Söhne im Haus des Vaters
beheimatet weiß.

# 11. Ökumenische Einstellung

Der Priester ist nicht für sich geweiht,
ist nicht lediglich für die Gemeinde bestellt,
ist auch nicht lediglich der Diözese oder
dem Orden inkorporiert,
sondern der ganzen katholischen Kirche gehörig.

Vom Priester wird eine katholische Einstellung
erwartet.
„Katholisch“ meint
- die Gesamtkirche,
- die Verbindung mit allen Christen,
- die Sendung auf alle Völker und Kulturen.

Darunter ist aber auch verstanden:
- Verwurzelung in der Überlieferung,
  z. B. des Apostolischen Glaubensbekenntnisses,
- Einheit mit dem Nachfolger des Petrus,
- Schau des ganzen Heils
  im Zusammenhang von Gott und Mensch,
- Entwicklung der Kirche
  auf das Ganze des Reiches Gottes.

Dieses Gespür für das Katholische
und das daraus erfließende Streben
nach dem Ganzen
sollte eine Grundverfassung des Priesters sein
in seinem Beten,
in seiner Pastoral,
in seiner Predigt,
in seiner Kommunikation,
in seinem Lebensentwurf.

Handelt und lebt er wahrhaftig priesterlich,
dann wird er sich immer wieder darum bemühen,
Absonderung und Trennung zu überwinden
in seiner Gemeinde,
in der Kirche,
unter den Christen.

Er lebt stets in der Gestik,
die Hand der Versöhnung und Einheit zu reichen.

Daher wird er sich nie zufrieden geben,
nur seinen Dienst zu tun,
sondern darin die Dimension des Ganzen
der universalen christlichen Einheit
zu sehen und zu verwirklichen.

Der in diesem Sinne
wirklich katholische Priester
ist zugleich ökumenisch.

Gemäß der Bitte Christi,
daß alle eins seien,
muß er den langen Weg
des – wenn im Geist vollzogen –
fruchtbaren Dienstes der Einheit
der Christen leisten.

Kein Priester, der Eucharistie feiert,
kann sich mit der Trennung der Christen
in verschiedene, sich ausschließende Kirchen
zufrieden geben.

Er trägt an der Not,
daß der Leib Christi,
der die Kirche ist, gespalten ist.

So kann er nicht Priester sein,
ohne wahrhaft ökumenisch zu sein.

Der Priester, der wirklich das Geheimnis
der Einheit des Leibes Christi vollzieht,
wird sein Priestertum gerade
als versöhntes Leben und umfassende Einheit
verstehen.
Priestertum ist immer ökumenisch.

Auch im Hinblick auf die Menschheit
ist das Priestertum seiner inneren Ausrichtung nach
stets universal-human,
ist Christus doch für alle gestorben
und hat seinen Leib allen Menschen ausgeliefert.

Darum müßte das Bestreben
um Einheit der Menschheit
im Priester seinen entschiedenen Anwalt haben.

Dazu hilft dem Priester
eine Spiritualität,
die Harmonie der Liebe Christi
überall am Werk zu sehen;
die Armut von Brot und Wein
in der Verbindung der Hingabe Christi zu sehen;
die Anstrengungen und Leiden der Menschen
um eine bessere und friedliche Welt
in den Menschen wiederzuerkennen
und mit Christus zu verbinden,
der sich ganz in diese Menschheit eingelassen hat.

So steht der Priester
in einer weiten und tiefen Beziehung

zum Leben der Menschen
und der Entwicklung der Menschheit.

Gerade sein geistlicher Auftrag
hält die entscheidende Dimension
der Zukunft der Menschheit wach,
überall den Leib Christi werden zu sehen,
um so zur eigentlichen Einheit mit Gott
und untereinander zu kommen.

## 12. Priester und Maria

Maria war die Frau des Fiat,
des Ja zum Wirken Gottes.
Nicht, was sie will,
sondern was Gott mit ihr vorhat,
ist für sie entscheidend.

An Maria lernen die Priester,
auch ihr Fiat zu sprechen.

Maria war die Frau der Begleitung.
Sie befand sich mit Jesus und seinen Jüngern
auf dem Weg wohlwollend und teilnehmend.
Sie blieb treu bis unter das Kreuz.

Von Maria sieht sich der Priester
ermuntert und bestärkt,
darauf vertrauend, daß auch er
von Maria hilfreich begleitet wird.

Maria war die Frau des Rates.
Wie zu den Dienern bei der Hochzeit von Kana
sagt sie auch zu den Priestern:
„Was er euch sagt, das tut".

Von Maria angeregt,
gehorcht der Priester dem Wort Christi,
das er zu ihm spricht
und dem er dient.

Maria war die Frau des Geistes.
Nicht nur empfing sie Christus
durch den Heiligen Geist,

sie wartete auch an Pfingsten
inmitten der Jünger
auf den Geist.

Von Maria sieht sich der Priester
nie verlassen;
mit ihr empfängt er den Heiligen Geist,
um Christus der Welt zu schenken.

Durch Maria lernt der Priester
die Grundhaltung seines priesterlichen Lebens.

Zu seinem priesterlichen Leben gehört,
vom Mann her Jesus zu vertreten, wie die Jünger,
von der Frau her Jesus zu verstehen, wie Maria.

So fließt in das Priestertum ein
der volle heilsgeschichtliche Beitrag
des Mannes und der Frau.

Darum wird zur vollen Identität des Priesters
seine marianische Haltung gehören.
Der Priester sollte sein Verhältnis zu Maria
nicht ungeklärt beiseite liegen lassen,
vielmehr sich prüfen,
wie die Haltung Marias
in ihm als Priester anwesend sein kann.

# 13. Zum Priester geweiht

Der Priester tritt mit der Weihe
nicht in ein Arbeitsverhältnis ein,
das er unter bestimmten Bedingungen eingeht
und ebenso auch wieder löst.

Der Priester engagiert sich auch nicht
wie ein freischaffender Künstler,
der seine Aufgabe wie eine kunstvolle Arbeit
ausführt.

Der Priester nimmt keine Art Zentralstelle
für kirchliche Belange ein,
um als Anwalt kirchlicher Angelegenheiten
zu fungieren.

Er mag von diesem oder jenem auch etwas tun,
zuerst ist er dies alles nicht.
Er ist zuerst geweiht.

Das heißt:
Es hat sich die Hand Gottes auf ihn gelegt,
indem er sich berufen und von Gott geführt weiß.
Es hat sich auch die Hand der Kirche auf ihn
gelegt, indem sie ihn erwählt zu tun,
was der Wesenskern der Gemeinde ist,
Leib des Herrn zu sein
in Gebet,
in Sakrament,
in Predigt,
in Nächstenliebe.

Der Priester ist geweiht,
und damit mit seiner ganzen Person
sozusagen Kirche geworden.
Aber nicht im Sinne der Herrschaft,
sondern des Dienstes.

Er soll nun zur Sprache bringen,
was die Kirche glaubt;
in der Tat leben,
was die Sendung der Kirche ist;
in den Sakramenten vollziehen,
was das Geheimnis des Lebens Jesu ist.

Die Weihe ist kein mirkulöser Vorgang,
auch keine magische Beeinflussung,
sondern Aufnahme in die Gemeinschaft der Jünger,
die von Jesus ausgesandt sind,
seine Botschaft zu verkünden
in Wort und Schrift,
zu verdeutlichen
in heiligen Zeichen,
zu leben
in Werken der Vergebung
und Versöhnung.

Fortan soll der Priester
in besonderer Weise dem Heiligen dienen.

Dieses Priestertum ist derart
mit dem Wesen der Botschaft Jesu
und dem Kern der Kirche verbunden,
daß der Priester durch die Weihe
derart geprägt wird,

daß er fortan bis ins Innerste seiner Person
beansprucht und geprägt ist.

Daher ist er durch die Weihe
auf die Dauer seines Lebens
in Verfügung für die Sache des Herrn genommen.

Auch in seiner Ohnmacht und in seiner Schwäche
braucht er nicht aus dem Priestertum herauszufallen,
denn die Treue Gottes,
mit der er den Priester in Dienst nimmt,
bleibt bestehen und wirksam.
So kann der Priester ständig
Zeuge des Erbarmens und der Vergebung
Gottes sein.

Solange der Priester auf die Frage Christi
an Petrus: „Liebst du mich mehr als diese?" (Joh 21,1)
positiv antwortet,
bleibt er der Mann Gottes,
der Zeuge Christi,
der Priester des Herrn,
durch den er seine Gemeinde auferbaut.

Der Priester ist Diener Christi
an der Gemeinde:
zugleich ist er auch Diener der Gemeinde
in den Angelegenheiten des Herrn.

Durch seine Weihe
ist der Priester herausgenommen
und wieder hineingegeben
in die Gemeinde.

Diese Spannung muß er durchhalten,

in der er beides in der Mitte verwirklicht.
Das ist eine Aufgabe für das Leben.

Das Priestertum ist eine Beanspruchung
auf die Dauer des Lebens.
Der Dienst des Priesters ist so zentral
mit der Sendung Jesu verbunden,
daß dies nicht auf Zeit möglich ist
und auch nicht in Teilbereichen des Lebens.
Man kann nicht in dieser Stunde Priester sein
und in der nächsten davon absehen.
Einmal in Dienst genommen,
bleibt in Dienst genommen.
Einmal das Adsum, Hier bin ich, gesprochen,
bleibt gesprochen.
Einmal auf Jesus Christus geweiht,
bleibt geweiht.

Selbst wenn ein Priester
alle Tätigkeiten als Priester aufgäbe,
er bleibt Priester und er kann im Ernstfall,
wo es um das Heil des Menschen geht,
sein Priestersein aufleben lassen.
Auch ein seines Amtes enthobener Priester,
bleibt Priester.

Ist das eine Überforderung des Menschen?
Es ist ein großer Anspruch,
aber er kann im Vertrauen auf den, der ruft,
gewagt werden,
zumal wenn das innere Ja zu Jesus Christus
so stark ist, daß es das eigene Leben trägt.
Wenn ich mich so auf Jesus einlasse,

auf mein Leben mit ihm,
dann führt das mich in die Treue,
die ihm eigen ist.

Der Priester, der so sein Leben
in die Einmaligkeit Jesu hineingibt,
kommt in die Treue Jesu
und wendet sich von ihr her zu den Menschen.
Wenn er wirklich mit Jesus verbunden ist,
kann er sich auch wie Jesus den Menschen
zuwenden.

# 14. Dasein in Wandlung

Der Priester lebt
in der Botschaft Jesu Christi.
Mit Christus ist er eingestiegen
in den Prozeß der Menschwerdung des Herrn.

Das Leben Jesu steht unter dem Zeichen
der Wandlung zum neuen Menschen,
durch sein Sterben für uns
zum Leben für uns.

Tagtäglich darf der Priester Eucharistie feiern
und sich in den Dienst der Wandlung
von Brot und Wein in den Leib des Herrn stellen.
Das entscheidende Neue in dieser Welt
geschieht durch Wandlung,
daß nämlich die Menschen Leib des Herrn werden.

Dieser entscheidende Vorgang
in der Geschichte der Menschen
ist dem Priester anvertraut,
damit er ihn in der Welt durch seinen Dienst
lebendig hält und wirklich sein läßt,
soweit dieser sein Dienst dazu erforderlich ist.

In einer Welt, die zunächst nicht
von Wandlung, sondern von Veränderung geprägt ist,
stellt die priesterliche Tätigkeit
eine Herausforderung dar.

Elemente der Veränderung sind:
– Entwicklung

– Experiment
– Effizienz
– Komposition
– Transformation
Sie sind Zustandsveränderungen.

Elemente der Wandlung sind:
– Erneuerung
– Verlebendigung
– Hingabe
– Neugestaltung
– Transsubstantiation

Sie sind Vorgänge des Lebens.

Der Priester steht im Dienst
der Wandlung der Welt
in den Leib des Herrn,
ausgehend von seinem Grunddienst der Eucharistie,
Brot und Wein in den Leib des Herrn zu wandeln.
Er ist ein Mann des alltäglichen Dienstes
der Wandlung.

Aber er muß sich selbst
in diese Wandlung hineinbegeben,
und davon leben,
daß die Welt in Jesus Christus gewandelt
ist und wird auf Gott hin.

Solange die Menschheit
diese Wandlung noch nicht erreicht hat,
fehlt ihr Tiefe und Fülle
ihrer Möglichkeiten.

Aber Wandlung geschieht schon überall,

wo nicht nur Eucharistie gefeiert wird,
sondern wo sie auch verlängert wird
in die Welt hinein:
in der Hingabe für andere,
in dem Streben nach einer erneuerten Welt,
in dem Bemühen, Gottes Gerechtigkeit und Frieden
lebendig zu machen,
in dem Einsatz für die Würde des Menschen und
seine volle Wiederherstellung in Christus.

Der Priester kann also nicht lediglich
die Wandlung der heiligen Messe zelebrieren,
das Wort verkünden,
den Leib des Herrn austeilen,
wenn er sich nicht mit seinem Leben
in diese Wandlung begibt und sie lebt.

Wo er ist und steht,
lebt er in dieser Wandlung
in den Leib des Herrn.

Peter Harr
Fernab vom hektischen Alltag gilt es Gott zu entdecken; fernab und doch im Heute, denn Gott gehört zu uns und unserem Leben. – Stille und Besinnung führen zu ihm. Gleichsam in neun Schritten geleitet dieses Buch dorthin, vermittelt unerläßliche Voraussetzungen für Gotteserfahrung und die Erkenntnis: Der ferne Gott ist dir nah!
64 Seiten, kartoniert DM 9,80
Verlag Friedrich Pustet
Der ferne Gott ist dir nah
Gedichte und Gedanken